Début d'une série de documents
en couleur

UN MAGISTRAT ÉRUDIT

DU XVIᵉ SIÈCLE

SIMÉON DU BOIS

(1536-1581)

LETTRES INÉDITES

PUBLIÉES ET ANNOTÉES

PAR

ÉMILE DuBoys

AVEC NOTICE BIOGRAPHIQUE

PAR

AUGUSTE DuBOYS

CHARTRES

IMPRIMERIE DURAND

RUE FULBERT, 9

1888

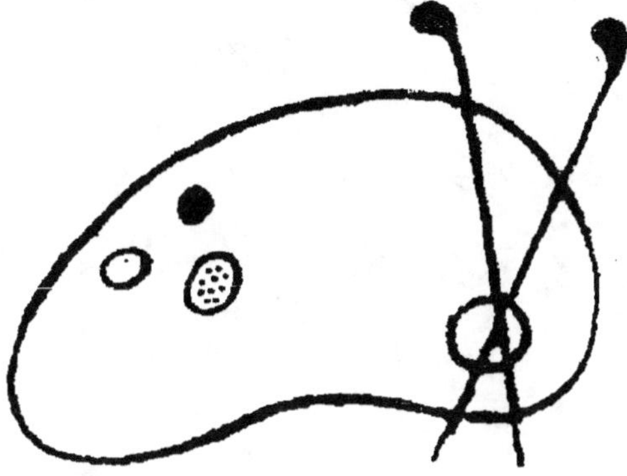

Fin d'une série de documents
en couleur

UN MAGISTRAT ÉRUDIT

DU XVIᵉ SIÈCLE

SIMÉON DU BOIS

(1536-1581)

UN MAGISTRAT ÉRUDIT

DU XVIᵉ SIÈCLE

SIMÉON DU BOIS

(1536-1581)

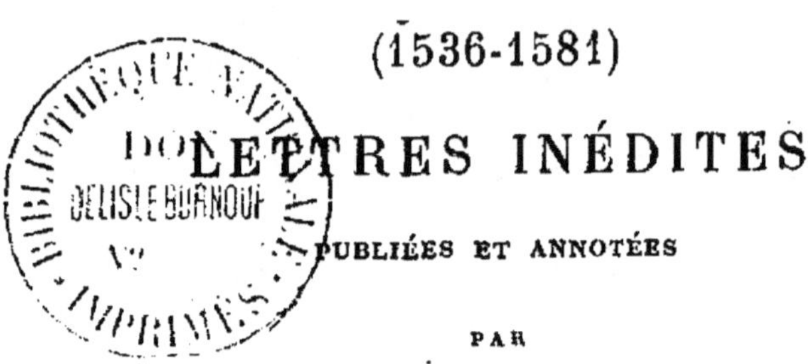

LETTRES INÉDITES

PUBLIÉES ET ANNOTÉES

PAR

ÉMILE DuBOYS

AVEC NOTICE BIOGRAPHIQUE

PAR

AUGUSTE DuBOYS

CHARTRES

IMPRIMERIE DURAND

RUE FULBERT, 9

1888

UN MAGISTRAT ÉRUDIT

DU XVIe SIÈCLE

SIMÉON DU BOIS

LIEUTENANT-GÉNÉRAL A LIMOGES (1536-1581)

LETTRES INÉDITES

Parmi les éditeurs des *Lettres de Cicéron à Atticus,* nous rencontrons au xvie siècle un magistrat, *Siméon Du Bois,* lieutenant général au présidial de Limoges, sa ville natale, qui publia en 1580, dans cette ville, chez Hugues Barbou, l'ouvrage suivant :

Marci Tullii Ciceronis epistolæ ad Pomponium Atticum, ex fide vetustissimorum codicum emendatæ et opera Simonis Bosii prætoris Lemovicensis; ejusdem animadversiones ad amplissimum virum Philippum Huraltum Chivernium Galliæ procancellarium, Ratiasti Lemovicum, apud Hugonem Barbou, 1580, in-8.

Du Bois, qui joua un grand rôle dans son pays au xvie siècle, car *il* occupa un poste élevé de l'ancienne organisation de la France à une des époques les plus troublées et les plus remplies de notre histoire, l'époque des guerres de religion et de la Saint-Barthélemy, sut allier aux graves et nombreuses occupations de sa charge le culte éclairé des lettres et de l'érudition; il fut un humaniste distingué, et son ouvrage que nous venons de mentionner en est une preuve, au rapport des meilleurs juges, comme nous le verrons plus loin.

Notre magistrat entretint une correspondance littéraire avec les plus célèbres érudits de son temps, parmi lesquels nous citerons le grand Joseph Scaliger, dont M. Tamizey de Larroque, comme lui enfant de l'Agenais, a publié les *Lettres françaises inédites*, avec une si savante annotation, (Paris et Agen, 1881, 1 vol. in-8); et ce docte conseiller au parlement de Paris, *Claude Dupuy*, dont la maison était le rendez-vous des plus fameux érudits de l'époque, origine de ce célèbre « cabinet Du Puy » dont l'histoire serait si intéressante et n'a pas encore été écrite, mais sur lequel M. Isaac Uri a donné un aperçu bien fait : « *Un cercle savant au xviie siècle,* » dans sa thèse de doctorat : *François Guyet* (1575-1655); Paris, Hachette, 1886, in-8, p. 1-63.

Malheureusement de la correspondance de Siméon Du Bois il ne nous reste, ou du moins on ne connaît jusqu'ici que *trois* lettres, *une* seule en *français* et les *deux* autres en *latin* : malgré nos actives recherches, il ne nous a pas été possible d'en découvrir d'autres. Deux de ces lettres ont été signalées par M. de Nolhac, un de nos érudits, comme chacun sait, les plus distingués, dans ses *Lettres inédites de Muret*, publiées en 1882 dans les *Mélanges Graux*, p. 383, note 6 ; ce sont : la lettre *françoise* à Du Puy, et la longue lettre latine à J. Maledent. Elles sont contenues, la première dans le vol. 490, f. 181, et la seconde dans le vol. 16, f. 54 de la volumineuse et si précieuse *collection Du Puy* à la Bibliothèque Nationale. La troisième, en latin, nous a été signalée aussi par M. de Nolhac dans le catalogue des *Addit. manuscripts* au *British Museum*, n° 5158. Nous en adressons tous nos remerciments au savant maître de conférences de l'École des Hautes Études.

Ce sont ces trois lettres que nous publions aujourd'hui; espérons qu'il nous sera donné d'accroître notre butin.

Une biographie très complète de Siméon Du Bois a été donnée par Auguste Du Boys, alors secrétaire archiviste de la *Société archéologique et historique du Limousin*, dans la *Biographie des hommes illustres de l'ancienne province du Limousin*, par A. Du Boys et l'abbé Arbellot, 1854, t. I (seul paru), p. 205-210. Ce volume étant aujourd'hui épuisé ou très rare, nous considérons comme un devoir filial et une dette à la mémoire d'Auguste Du Boys de reproduire ici cette notice.

Nous ferons observer que le nom de Du Boys a été écrit dans cette biographie, avec un *y*, conformément à l'orthographe actuelle de notre nom, Auguste Du Boys n'ayant pas été à même de connaître la signature de Siméon Du Bois qui, comme on le verra, écrivait son nom avec un *i* (1).

Nos notes personnelles à la notice d'Auguste Du Boys seront désignées par nos inititales E. D.

(1) Voy. cependant ce que dit Auguste Du Boys de la signature des statuts des maîtres-tailleurs.

NOTICE BIOGRAPHIQUE

sur

SIMÉON DU BOIS

par

AUGUSTE DU BOYS

DU BOYS (Siméon), en latin *Bosius*, né à Limoges en 1536, étudia, à Paris, les langues grecque et latine sous Jean Dorat et Adrien Turnèbe, et la jurisprudence, à Bourges, sous le célèbre professeur François Duarem.

Laissons parler les historiens, surtout ceux qui vivaient du temps de Siméon Du Boys, et nous verrons que tous s'accordent à faire de lui le plus grand éloge. Ce sont là d'ailleurs des témoignages irrécusables, parce qu'ils émanent d'hommes de la plus grande valeur.

Scévole de Sainte-Marthe s'exprime ainsi (1).

« Cet excellent homme eut pour maistre dans la cognoissance des langues grecque et latine, l'illustre Jean Dorat, qui estoit de Lymoges aussi bien que luy, et, dans la science du droict et des loix, ce fameux jurisconsulte de Bourges, François Duarin. Des sçavantes leçons de l'un, il apprit à rendre la justice à ses concitoyens, parmy lesquels il exerça la première charge de judicature; et, par les bonnes instructions de l'autre, il entreprit avec autant de hardiesse que de doctrine de commencer ces épitres obscures et difficiles que Cicéron addresse à son fidelle amy Atticus. Ouvrage mémorable, où il fit paraistre une grande fécondité d'esprit, jointe à une rare suffi-

(1) Traduction de Colletet, 1644.

sance. Tout cela ne fut encore qu'un eschantillon des travaux qu'il vouloit entreprendre, et qu'il eust sans doute heureusement accomplis, si l'importune jalousie du destin n'eust trompé ses belles espérances, et ne l'eust arresté au milieu de sa course. *Il mourut fort jeune* en la ville de Lymoges, où il fut enterré dans l'église de Sainct-Pierre. *Quelques-uns ont creu qu'il avoit esté laschement empoisonné.* Mais comme l'amitié que nous avions autresfois contractée à Bourges pendant nos estudes, semble d'un costé m'obliger à parler de luy davantage, pour estendre d'autant plus ses louanges, il semble d'autre part qu'une si courte vie n'exige pas de moy un plus long éloge. »

Sainte-Marthe dit tout simplement qu'il mourut fort jeune ; il est surprenant qu'il ne soit pas mieux fixé sur la fin de son ancien ami.

Le président *De Thou*(1) raconte, comme il suit, une conversation qu'il eut avec Siméon Du Boys, sur les affaires politiques du royaume :

« Je me souviens que le jour même que le Roi entra dans Lyon (Henri III, à son retour de Pologne, 1574), je me trouvai chez Jean de Tournes(2), à qui la république des lettres est si redevable. *Simon Du Bois*, lieutenant-général de Limoges, célèbre par ses écrits, et plus encore par son habileté dans les affaires, s'y rencontra. Il me dit que bien des gens ne pensoient pas du Roi comme le commun, et qu'ils assuroient qu'on le verroit dans la suite tenir une conduite dont la fin seroit peut-être funeste, et tromper ainsi toutes les espérances que les sujets et les étrangers avoient conçûes de la gloire de son règne. Je me révoltai d'abord à ce discours, je lui fis même quelques objections que le penchant que nous avons à nous flatter me suggéra sur-le-champ ; mais cet homme sage, qui n'aimoit pas la

---

(1) Edition de Londres de 1742, t. **V**, p. 101, in-4.
(2) Célèbre imprimeur.

dispute, me répondit froidement que ce n'étoit pas sans chagrin qu'il me parloit de la sorte, que je me souvinsse de ce qu'il me disoit, et que j'en jugerois par l'événement.

« Etoit-ce de lui-même qu'il parloit, et par quelque connaissance que son habileté dans l'astrologie lui eût donné de l'avenir ? Plusieurs l'ont crû ; ou bien n'étoit ce point sur ce qu'il avoit entendu dire la même chose à d'autres personnes ? Quoi qu'il en soit, comme j'ai toujours estimé la science profonde de ce grand homme, j'ai crû que la chose méritoit d'être rapportée. »

De Thou se connaissait en homme de mérite. Son opinion en faveur de Siméon Du Boys et son impartialité bien connue sont, en quelque sorte, un brevet d'immortalité.

Jean Dorat le nomme le savant Du Boys ; *Martial Guery* le cite avec éloges, ainsi que *Joachim Blanchon*(1) comme nous le montrerons en donnant l'épitaphe que ce dernier fit pour lui.

Gabriel de Lurbe (*de illust. Aquit. viris*, 1591), dix ans après la mort de Du Boys, s'exprime en termes si flatteurs que nous les transcrivons textuellement ; nous craindrions de les amoindrir par une traduction :

Simon Bosius honesta familia apud Lemovices genitus totum adolescentiæ tempus in literis consumpsit : cumque in iisdem noctu diùque versatus omne scriptorum genus diligenter pervolutasset, antiquæ et reconditæ doctrinæ non minimam tam in rebus quam verbis gloriam sibi vindicavit. Extant ejus aliquot commentationes, in epistol. Ciceronis. Nec fuit Bosius à forensi strepitu alienus. Mysteriis enim jurisprudentiæ imbutus causas in fero egit. Inde à principe suppræfectura Lemovicensi donatus, hanc in oculis civium cum summa integritate exercuit, donec ante legitimos annos morte præventus cum maximo suorum desiderio decessit.

---

(1) Sur *Blanchon*, poète limousin du milieu du xvie siècle, voy. la *Biographie limousine* mentionnée E. D.

Ainsi de Lurbe nous apprend que Siméon Du Boys est né à Limoges ; qu'il appartenait à une honnête famille ; que, pendant toute sa jeunesse, il s'est adonné avec ardeur à l'étude des lettres ; qu'il acquit une grande réputation ; qu'il a laissé des *Commentaires* sur les lettres de Cicéron à Atticus ; qu'il n'était pas étranger au bruit du forum ; qu'il était très versé dans la jurisprudence ; qu'il exerça, avec la plus grande intégrité et sous les yeux de ses concitoyens, les importantes fonctions de lieutenant-général ; enfin, qu'il mourut avant l'âge légitime, et fort regretté des siens.

Jean Fabricius dit que *Bosius* s'appelait en français : *Dubois Sive de La Haye, atque hinc Silvius.*

Adrien Baillet donne la biographie suivante :

« *Siméon Du Bois dit Bosius, magistrat de Limoges, mort en 1581 ou 1582.*

« Scioppus dit que quand Lambin entreprenoit de louer l'esprit et le mérite de cet homme, il ne pouvoit jamais se satisfaire, parce qu'il ne croyoit pas pouvoir satisfaire la vérité en ce qu'elle exigeoit de lui pour ce point.

« Cependant il n'avoit à louer qu'un seul ouvrage de cet homme, qui est un commentaire sur les épîtres de *Cicéron à Attique,* lequel effectivement suffit tout seul pour faire voir que Bosius étoit un grand critique.

« Monsieur de Sainte-Marthe en juge de même, et il dit qu'il a apporté un génie excellent, un jugement exquis, et un grand fonds de doctrine pour corriger et expliquer ces épîtres.

« Bosius auroit été fort loin s'il n'eût point été assassiné par des voleurs dans le fort de ses résolutions. »

Ainsi, Baillet, qui avait lu Sainte-Marthe, n'hésite pas à écrire que Siméon Du Boys a été assassiné par des voleurs.

Socius met également sa mort en 1581 ou 1582.

Duverdier-Vauprivas le nomme *Siméon Sylvius* et lui donne la qualité de valet de chambre de l'illustre princesse Marguerite de France, reine de Navarre, titre que Siméon Du Boys ne nous paraît pas avoir jamais eu.

Notre avis est que Duverdier ne connaissait pas le lieutenant-général de Limoges, quoiqu'il existât de son temps.

Marc-Antoine Muret a aussi beaucoup vanté Siméon Du Boys comme homme de bien et comme magistrat.

Moréri (édition de 1759), fixe sa mort en 1580, et dit qu'il était âgé de 45 ans environ, et que c'est le même Siméon Silvius qui traduisit en français le *Commentaire de Marcile Ficin sur le banquet d'amour de Platon*. Poitiers, 1556, in-8, chez Enguilbert de Marnef.

C'est là évidemment une erreur puisée dans Fabricius.

Passons à des auteurs plus récents.

Nous n'avons trouvé dans les manuscrits de *Nadaud* que ces mots : Il y a une pièce à la louange de Siméon Du Boys dans la Sylva Carminum, de Paul Laberius de Condom(1), son ami, imprimée en 1570. — Du Boys était ami intime du savant Joseph Cassianus, de la Chassagne, président au Parlement de Bordeaux. Il eut quelque altercation avec Lambin.

Le 3 mai 1582, le chapitre de l'église de Limoges députa deux chanoines pour assister à l'anniversaire funèbre de Siméon Du Boys.

Dans une *chronologie des lieutenants généraux de Limoges*, rédigée par l'abbé *Legros*, nous avons pris cette note :

Simon Du Bois ou *Siméon* Du Bost, en 1580.

De Thou nous a déjà appris que Siméon Du Boys était lieutenant-général dès 1574.

Nous savons en outre que ce fut Siméon Du Boys, con-

(1) On trouvera plus loin un document intéressant au sujet des relations de Du Bois avec LABEYRIE. E. D.

seiller du roi et lieutenant-général en la sénéchaussée du Limousin, siège présidial de Limoges, qui régla, fit approuver par le roi, promulgua et fit observer les statuts des maîtres tailleurs de la ville de Limoges, au mois de juillet 1578. — Ces statuts sont signés ainsi : Du Boys.

Siméon Du Boys figure encore dans le procès-verbal de la fondation du tribunal de Bellac (22 juin 1572). Nous y lisons :

« ..... Et Simon Du Boys, praticien, lieutenant-général et procureur du Roy au siège présidial de Lymoges. »

Legros, l'abbé *Vitrac* et *M. de Verneilh-Puiraseau* (1) donnent la date certaine de la mort de Siméon Du Boys (2).

Nous lisons dans les manuscrits de Vitrac :

« Une mort prématurée enleva ce savant et intègre magistrat à l'amour de ses concitoyens. Du Boys mourut en 1581, et fut inhumé à Saint-Pierre-du-Queyroix, où on lisait encore, dans le siècle dernier, cette épitaphe, gravée sur cuivre, que nous faisons suivre de la traduction en vers :

---

(1) *Histoire d'Aquitaine*, Paris, librairie universelle, 1843, t. III, p. 6-8.

M. de Verneilh rapporte l'épisode de Lyon chez de Tournes qu'on a lu plus haut, et ajoute, après avoir dit que Du Bois mourut à quarante-cinq ans : « J'ai vu autrefois son portrait d'abord à Larfouillère, ensuite au Vigneau, commune de La Jonchère, chez des parens qui s'honoraient, ainsi que moi, d'en descendre ; Siméon Du Bois y avait été peint en robe de palais, avec des moustaches. » Il y aurait intérêt à rechercher ce qu'est devenu ce portrait. E. D.

(2) Cette date est attestée avec bien plus d'authenticité par un *contemporain*, Joseph Scaliger lui-même, car nous lisons dans le *post-scriptum* d'une de ses *lettres* (édition de M. Tamizey de Larroque mentionnée, p. 119), datée de Chantemille le 4 septembre 1581 : « M. Portus (a) et M. Du Bois, lieutenant général de Limoges, sont décédés. J'ai perdu là deux bons et doctes amis. » E. D.

(a) Voici la note de M. Tamizey de Larroque. [..... On lit dans le *Secunda Scaligerana* (p. 505) : « *F. Portus*. M. de Beze avoit un livre grec en charactères Hébreux, et c'estoit du grec commun. Portus ne l'entendoit point : c'est grand cas, il avoit oublié son langage, et ne parloit qu'i...ien. » François Portus, né à Candie, était professeur de grec à Genève quand il y mourut âgé de 70 ans.]

EPITAPHIUM S. BOSII PRÆFECTI

LEMOVICEM.

QUI OBIIT **16** CALEND. AUGUSTI,

1581, ÆTATIS VERO **45**.

Asta, viator, et cogita huic meæ similem
Aliquando fore conditionem tuam.
Honesto loco natus, apud meos in honore
Vixi præfectus huic Lemovicensium provinciæ,
Cuique pro causæ æquitate jus dixi.
Parùm rei augendæ cupidus, plurimùm
Honestæ existimationis poscendæ, litteras
Et litterarum studiosos semper valdè
Amavi. Id tantum te scire volebam,
Nunc abi in rem tuam, hæc modò addas :
Salve æternum (SIMEO BOSII) qui mortalitati
Immortalitatem prætulisti.
JANA DESSENAULT, *conjux carrissima*
Ponendum curavit.

Arreste, viateur, et te soit manifeste
Qu'un jour sera semblable ta condition.
J'ai vescu en honneur entre ma nation,
Lieutenant-général, né de lieu bien honeste,
En pays Lymosin, où d'un debvoir modeste,
En cause d'œquité, j'ay sans corruption
A chacun dit son droict, et mon affection
Ne fut pas d'augmenter, mais de peu fere queste,
Car pour mieux m'acquérir un honneur extimé,
Les lettres et lettrés j'ay grandement aymé.
Voylà ce que sans plus tu pourras de moy lyre,
Or, vas à ton négoce, et telle soit ta voix,
En salut éternel, soit SYMÉON DU BOYS,
Qui voulus l'immortel sur le mortel Eslire.

(BLANCHON, *OEuvres poétiques*, p. 294.)

Cette épitaphe nous fournit un renseignement nouveau : que Siméon Du Boys était marié avec *Jeanne Dessenault.*

Nous ne connaissons de lui que l'ouvrage suivant :

Marci-Tullii Ciceronis epistolæ ad Pomponium Atticum, ex fide vetustissimorum codicum emendatæ, studiô et operâ Simeonis Bosii prætoris Lemovicensis ; ejusdem animadversiones ad amplissimum virum Philippum Huraltum Chivernium, Galliæ pro cancellarium ; Ratiasti Lemovicum, apud Hugonem Barbou, 1580, in-8.

Cet écrit remarquable, dont *l'abbé d'Olivet* a fait, à son tour, le plus grand cas, a été souvent réimprimé à Francfort, 1580, in-8 ; à Anvers, 1585, in-8 ; à Lyon, 1592, in-12, et 1614, in-16, etc. (1).

La famille Barbou des Courrières possède encore un des exemplaires de l'édition donnée par Hugues Barbou leur ancêtre. Sur la première page de ce beau livre, on lit ces mots : *Sum Simeonis Baosii,* écrits, dit-on, de la main de l'auteur, auquel ce livre aurait appartenu (2).

La bibliothèque de Siméon Du Boys fut vendue à Jean Descordes (3) celle de ce dernier fut ensuite acquise par

(1) M. Emile Picot, dont tout le monde connaît les grandes connaissances bibliographiques, a bien voulu, et nous en adressons tous nos remerciements au savant professeur de l'*Ecole des Langues Orientales vivantes,* nous signaler l'existence d'exemplaires des diverses éditions de l'ouvrage de Du Bois dans les Bibliothèques suivantes : édition de *Hugues Barbou,* à la Bibliothèque municipale de *Nantes,* sous la cote B. L. 32941 (On sait que la Bibliothèque de Nantes est une des plus riches de la province en livres rares et précieux du xvi⁰ et du xvii⁰ siècle, L. Techener, *Notes sur les Bibliothèques de province,* Bulletin du Bibliophile, 1884, p. 265) ; édition de *Francfort-sur-Mein, André Wechel,* 1580, à la même bibliothèque, cote B. L. 32040 ; édition d'*Anvers, Christophe Plantin,* 1582, in-8, à la Bibliothèque municipale de Bordeaux, cote B. L. 6194 ; enfin édition de *Leyde, Franc. van Raphelengen,* 1592, in-32, à la Bibliothèque nationale, qui possède aussi l'édition Barbou, cote Z. 617 ; Z. 618 ; et l'édition d'Anvers, Z. 619. E. D.

(2) La belle lettre française tout entière autographe, ainsi que la lettre latine à Maledent, permettent de faire cette vérification. E. D.

(3) *Jean Descordes* ou *de Cordes* (dans sa biographie, qui figure à la lettre C des *Hommes illustres du Limousin* mentionnés plus haut, le nom est écrit *de Cordes),* chanoine de Limoges, né dans cette ville en 1570, d'une famille originaire de Tournay, avait réuni une bibliothèque très belle pour l'époque; elle renfermait de très bons manuscrits.

M. Albert de la Fizelière (nous devons cette indication, comme d'ailleurs bien

Colbert, et forma le noyau de la bibliothèque Mazarine. Ainsi, la plus grande partie de ces livres doit se trouver à Paris. Cependant nous avons vu à la bibliothèque communale de Limoges et dans plusieurs maisons particulières, des ouvrages décorés du nom de l'un de ces deux concitoyens illustres. Sur un exemplaire de Diodore de Sicile, on lit cette variante : *S. Boisius* (1).

Auguste DU BOYS.

Malgré nos actives recherches, il ne nous a été possible d'ajouter presque aucun renseignement biographique à la notice d'Auguste Du Boys. Nous avons seulement trouvé dans un des manuscrits de Siméon Du Bois à la Bibliothèque Nationale, latin 4605, un curieux extrait de la main de *Baluze*, qui est l'installation de Du Bois comme *avocat du Roi* au présidial de Limoges. Cet extrait nous fait vivement regretter la perte, si toutefois il faut renoncer à tout espoir de le retrouver, du manuscrit que Baluze a eu entre les mains. Était-ce un de ces *livres de raison* dont notre savant compatriote M. Louis Guibert poursuit la publication avec toute l'autorité qui, dans la matière, s'attache à

d'autres que nous mentionnerons plus loin, aux immenses connaissances et à la haute bienveillance de M. Tamizey de Larroque), éditeur et annotateur, dans le *Bulletin du Bouquiniste*, de la *Rymaille sur les plus célèbres bibliotières de Paris* (15 juillet 1868 et n°ᵉ suivants) s'est occupé (appendice) de diverses collections non mentionnées dans la *Rymaille*. Voici ce qu'il dit (n° du 1ᵉʳ novembre 1868, p. 549) de la bibliothèque de *de Cordes* : « Le chanoine « Jean des Cordes, mort en 1642, doit à sa bibliothèque la célébrité qui s'est « attachée à son nom. Le P. L. Jacob a dit qu'il était *un autre Varron dans* « *la recherche des bons livres.* »

M. de la Fizelière qui, dans cet article, avait confondu Siméon Du Bois avec *Simon Bosio*, frère servant de l'ordre de Malte, auteur du fameux livre de l'*Histoire religieuse de l'ordre de Saint-Jean de Jérusalem*, a rectifié son erreur dans le n° du 1ᵉʳ avril 1869 du même recueil (*additions et corrections*, p. 186), en ajoutant : « Il ne faut pas confondre non plus ce *Bosius* avec *Odes.* « *Christoph. Bosius*, dont les livres furent catalogués à Leipzig en 1699 sous « le titre de *Bibliotheca Bosiana.* »

(1) On remarque a que la lettre à Maledent est adressée par S. Boisius.

son nom ? Étaient-ce des *Mémoires* écrits par Siméon
Du Bois ?

Voici ce document :

« Ex codice veteri, scripto manu Sim. Bosii.

« Decimo tertio Augusti 1552 (1) Vesperi pervexi Le-
« movicum comitatus Martiale fratre (2) et Petro Silvio
« genero Jo. Arditi, ornatus munere advocati Regii, cujus
« possessionem sum adeptus quinto septembris magno
« hominum honestiss. conventu, ubi Beaubrelius (3)
« patronus pro meis literis egit. Quibus lectis, habui latine
« oratiunculam magno auditorum silentio. Deinde oravit
« eloquenter Galterus Vermondetus (4) deditque magnum
« de mea quantulacunque eruditione testimonium, a cujus
« dextra erat Belnus duumvir, Martinus consiliarius, etc...
« quæsitor ; a sinistra, amicus præfectus particularis (5),

(1) 1552. — Il y a là évidemment une erreur de transcription, car Du Bois
n'aurait eu à cette date que *seize* ans, étant né en 1536, ce qui est inadmissible.
C'est *1562* qu'il faut lire, car voy. ce que nous disons de *Jean de Beaubreuil* à
la note 3, et d'autre part ce n'est pas 1572, car Du Bois, cette année-là, était
déjà, *en juin, lieutenant général*. Voy. la Biographie.

(2) Il sera plus loin question de ce frère, voy. page 19 Lettre d'Elie Vinet.

(3) Il s'agit de *Jean de Beaubreuil*, avocat très célèbre, né à Limoges, dans
la première moitié du xvıe s. Voy. sa Biographie dans les *Hommes illustres du
Limousin* par Aug. Du Boys et l'abbé Arbellot. Auguste Du Boys, dans cette
notice, rappelle avec raison que Beaubreuil eut le mérite de reconnaître les
talents du jeune *Marc-Antoine Muret*.

(4) Un *de Bermondet* était lieutenant général à Limoges en l'année 1548,
ainsi que le disent les *Annales manuscrites de Limoges*, dites *manuscrit de
1638*, publiées pour la *Société archéologique et historique du Limousin*,
Limoges, Ducourtieux, 1885, p. 331. Il est probable que c'est de ce *Bermondet*
qu'il s'agit ici. La famille de Bermondet de Cromières est une des plus
anciennes du Limousin.

(5) La famille *Lamy*, qui, comme les familles *Martin* et *Gay*, a formé plusieurs branches importantes, a donné plusieurs consuls à la ville de Limoges,
et un patriarche de Jérusalem, qui fut évêque de Chartres au xıve siècle, *Guil-
laume Lamy*; voy. les *Annales manuscrites*, p. 231.

Un *Lamy*, pharmacien à Limoges en 1655, avait écrit, dessiné et colorié un
Recueil d'armoiries limousines. Nous donnerons à l'article *Lamy* de la *Biographie Limousine*, s'il nous est donné de la terminer, une description, d'après
les notes d'Auguste Du Boys, de ce charmant petit manuscrit qui est encore,
croyons-nous, la propriété des héritiers de M. Eugène Ardant, imprimeur-
éditeur à Limoges.

« Gaius (1) consiliarius, et quæstor alter ubi peroravit Gal-
« terus. Obligavi me sacramento solito. Neque tacuit pro-
« curator fisci. Deinde inscriptum literis meis ; lecta publ.
« audiente et requirente procuratore Regis. »

Monsieur Tamizey de Larroque nous a fait connaitre et a bien voulu prendre la peine de transcrire pour nous dans sa belle bibliothèque (notre éloignement de la capitale à cette époque ne nous permettant pas de le faire nous-même) les passages qu'on va lire de trois ouvrages parus depuis la notice d'Auguste Du Boys, où il est question de notre érudit. Que le savant correspondant de l'Institut, qui nous a sacrifié des instants si précieux à l'érudition, veuille bien en accepter ici toute notre reconnaissance.

Voici ces travaux par ordre de date.

M. Reinold Dezeimeris a publié dans les *Archives histo-riques du département de la Gironde*, t. XII, in-4, 1870, p. 358, un fragment d'une lettre d'*Elie Vinet* (2) où il est fort question de *Siméon Du Bois*. Nous donnons ce document avec les excellentes notes de l'éditeur, que nous ferons suivre des initiales R. D.

Fragment d'une lettre d'Elie Vinet. Archives de M. Jules de Gères. Lettre autographe transcrite par M. E. Lalanne, annotée par M. R. Dezeimeris (écrite on ne sait à qui de Bordeaux, le 17 mai 1567):

(1) Nous trouvons dans une note manuscrite d'Auguste Du Boys, pour le deuxième volume des *Hommes illustres du Limousin:* « Gay, conseiller au présidial de Limoges, était, en 1564, le patron d'une vicairie fondée le 16 mai 1464 dans l'église de Saint Léonard (Haute-Vienne), par un prêtre *Pierre Gay*, licencié en décrets, official de Paris. — La même note cite un autre *Gay*, président au présidial en 1578.

(2) *Elie Vinet*, érudit, antiquaire, philologue, né près de Barbezieux (Charente) vers l'an 1519, mort en 1587.

Il faut consulter sur lui, depuis la *Nouvelle Biographie générale* et les sources qu'elle indique, les *Archives historiques de la Saintonge et de l'Aunis*, t. II, 1875; les nombreuses et si érudites notes de M. Tamizey de Larroque aux *Lettres de Scaliger*, les sources indiquées par le savant éditeur, et les notes, que nous reproduisons d'ailleurs, de M. Dezeimeris.

« Monsieur Du Bois (1) qu'avez dernierement veu de par dela, se retirant en ceste ville apporta de ses vieux parchemins ceulx qu'il estimoit le plus, et les autres, les lessa chés son père, lesquelz ung sien frere (2) donna, l'hiver dernier, au sire de Marnef (3) qui estoit allé vers Limoges, et le dit sire me les envoya comme choze sienne, par don, pour voir que c'estoit, lesquelz je montray volentiers à Monsieur Du Bois, comme noz livres et estudes sont communs entre nous, qui les recogneut et fut aize qu'ils fussent ainsi venus de par deça. Je les ay encores, mais le commentaire de Servius n'i est pas et faut qu'il soit encores demoure à Limoges, comme il m'a dit. Il en a escript à son dit frere, pour le recouvrer et le vous fere voir ; cependant, vous pourrez lui escripre et envoyer ce lexicon. Je luy ai fait vos recommandations, et m'a dit qu'il vous escriroit de ces nouvelles. J'avois envoyé à son logis pour l'advertir du voiage de ce porteur ; mais on m'a rapporte qu'il estoit alle a deux heures d'ici, passer ces festes. En ses vieux livres, il y a ung Térence, ou les vers de l'argument et prologue de l'Andrie sont fort bien distinctz, et le prologue de Hecyra divise en deux, comme dit Faërnus. La est ung *tetrastichon* de Ciceron (4) duquel vous poeut avoir parlé ledit sieur Du Bois que je vous envoye. Il y a ung *Carmen bucolicon de mortibus boum*...

(1) « Ce Monsieur Du Bois n'est autre que *Simon Bosius* [c'est *Siméon* qu'il faut lire], savant bien connu pour ses *notes* sur les Lettres de Cicéron à Atticus, notes qui sont restées un des principaux instruments de la critique pour cet illustre recueil. » R. D.

(2) Nous avons vu, à la prestation de serment de Du Bois, que ce frère s'appelait *Martial*.

(3) « Le sire de Marnef était un célèbre libraire de Poitiers. » R. D.

(4) « Vinet a publié lui-même ces quatre vers dans son édition d'Ausone (sect. 587). Il dit les avoir trouvés *in antiquo Simeonis Bosii libro, inter alia quædam Ausonii et aliorum veterum carmina*. Dans le même ouvrage (sect. 298. B), Vinet mentionne le très ancien manuscrit de Simon Du Bois, contenant les distiques moraux de Denis Caton. Joseph Scaliger mentionne aussi ce manuscrit comme étant le plus ancien et le plus important de tous, et il qualifie Du Bois de *vir eruditissimus et acutissimus*. » R. D.

Il y a aussi ung petit livret intitulé : Avigenii liber fabularum (1) la ou la première fable commance : *Rustica deflenti ;* Monsieur Du Bois pense l'avoir veu imprimé en Allemaigne, de gros romain (2); vous en souvient-il ?

« Je vous remercie de Suetonius et vous renvoye l'autre.

« Je me recommande à vos bonnes graces et prie Dieu vous avoir en sa garde. De Bourdeaulx, ce 17 de mai 1567. Vostre humble serviteur.

« Elie Vinet. »

En 1874, le savant et regretté M. Thurot a eu, dans un important article de la *Revue critique,* à s'occuper de Siméon Du Bois. Nous rendons compte de ce travail plus loin parmi les jugements portés sur les *Animadversiones* de notre érudit limousin.

M. Léonce Couture, le directeur si distingué de la *Revue de Gascogne,* a très bien mis en lumière les relations littéraires de Du Bois avec *Labeyrie, Laberius,* de Condom, dans son travail : *Trois poètes Condomois du XVIe siècle, études biographiques et littéraires sur Jean Du Chemin, Jean Paul de Labeyrie, Gérard Marie Imbert,* Bordeaux et Paris, 1877, gr. in-8 (dédié à Philippe Tamizey de Larroque). Laissons la parole à M. Couture.

P. 49-50. Notice sur *Jean Paul de Labeyrie,* l'auteur du recueil intitulé : *Io. Pauli Laberii Condomiensis regis consiliarii carminum sylva. Ad Io. auratum Lemovicem poëtam regium.* Toulouse, 1570 : « C'est à l'école de

____

(1) « Il faut lire *Avieni* ou *Aviani.* » R. D.

(2) « Du Bois ne se trompait pas. On voit dans le *Manuel du libraire* (t. I, col. 585) que Cujas ne partageait pas cette opinion, puisqu'il crut publier ces fables pour la première fois en 1570. Il est possible que cette édition même ait été faite à l'aide du manuscrit de Du Bois. Vinet était alors en correspondance suivie avec Cujas, à l'occasion d'Ausone et du manuscrit de l'Ile-Barbe. — *Le Carmen bucolicon* fut publié en 1586, puis en 1590 par Pithou (dans son recueil d'anciennes poésies latines), qui dit le devoir à Vinet. Le *tetrastichon* et l'*Avianus* s'y trouvent aussi, et proviennent sans doute de la collation des manuscrits de Du Bois. Vinet put remettre toutes ces copies à Pithou, à Bordeaux, en 1582. » R. D.

Dorat, où il dut se trouver en même temps qu'Imbert, qu'il se lia d'amitié avec divers lettrés. Mais il ne nous en fait connaître qu'un seul, Siméon Du Boys, un limousin éditeur de Cicéron, dont on peut trouver l'éloge dans Scévole de Sainte-Marthe, qui fut de ses meilleurs amis (1). En lui recommandant sa *Sylva*, Labeyrie lui parle avec une extrême tendresse ; il l'a aimé plus que ses yeux, il ne lui a préféré aucun de ses chers camarades parisiens :

> « Si te plus oculis meis amavi...
> « Nulli posthabui aut amiculorum
> « Quos Lutetia magna mi paravit. »

« Il reste encore aujourd'hui un souvenir de cette amitié autre que la petite pièce d'où je tire ces vers. — L'exemplaire de Paul de Labeyrie qui est entré depuis peu à la bibliothèque de Bordeaux (c'est le seul connu avec celui d'Auch) porte sur son titre un envoi autographe à Siméon du Boys. Il me semble que les amis de notre histoire littéraire ne seront pas indifférents à ce détail, et qu'ils penseront tous ce que m'écrivait à ce sujet le littérateur éminent qui a fait acquérir ce livre par la bibliothèque de sa ville natale : *J'aime à retrouver ainsi ces vieux témoins de l'amitié des doctes de jadis.* »

La Bibliothèque Nationale possède, à la suite de Baluze, quatre manuscrits de Siméon Du Bois :

Catalog. *fonds latin*, mss. bib. reg., t. III, p. 613.

« 4604 A. Codex chartaceus, olim Baluzianus. Ibi continentur observationes in fragmenta legis duodecim tabularum ; authore *Simeone Bosio*, prætore lemovicensi

Is codex decimo sœculo videtur exaratus. »

Ce manuscrit est *autographe*, par conséquent les mots « videtur exaratus » doivent être remplacés par « *exaratus est* ».

« 4605. Codex chartaceus, olim Baluzianus. Ibi conti-

---

(1) On a vu, dans la notice par Auguste Du Boys, cet éloge de Du Bois par Sainte-Marthe.

nentur observationes juris civilis : authore *Simeone Bosio,* prætore lemovicensi.

« 4606. Codex chartaceus, olim Baluzianus. Ibi continentur observationes juris civilis : authore *Simeone Bosio,* prætore lemovicensi.

Is codex decimo sexto sœculo exaratus videtur. » Ce manuscrit a été évidemment écrit au xvie siècle. Il renferme de nombreux passages de la main de Du Bois.

Catalog. mss. bib. reg., t. IV, 8538 A.

« Codex chartaceus olim Baluzianus. Ibi continentur *Simeonis Bosii,* prætoris lemovicensis, animadversiones in Ciceronis epistolas ad Atticum : præmittuntur ejusdem excerpta ex duobus prioribus libris Reipublicæ Platonis.

Is codex anno 1572 exaratus est. »

Nous ne connaissons d'autre ouvrage *imprimé* de Du Bois que la recension des Lettres de Cicéron à Atticus.

Nous verrons par la lettre autographe française que nous publions, que notre magistrat projetait le même travail sur d'autres ouvrages du grand écrivain latin, les Epitres *ad Q. Fratrem* et *ad Brutum* et le *de legibus.* La mort prématurée de Du Bois l'empêcha d'accomplir ses projets. Mais il laissait manuscrits, il nous l'apprend dans la même lettre, « *douze livres Vigiliarum* ». Nous ne renonçons pas à l'espoir de retrouver, quoique la chose nous paraise bien difficile, en la supposant possible, le manuscrit de ces « *Veilles* ».

Nous croyons devoir reproduire ici la préface mise par Du Bois en tête de son édition des *Lettres de Cicéron à Atticus,* préface qu'a du reste reproduite la collection Lemaire. Il n'est pas inutile d'en avoir le texte sous les yeux lorsqu'on va prendre connaissance des attaques passionnées dont l'édition de Du Bois a été l'objet, et de la savante dissertation, d'autre part, de M. Thurot.

SIMEO BOSIUS

LECTORI

Usus sum in his Epistolis emendandis tribus exemplaribus manuscriptis, quorum duo antiquissima erant et optima, Tornaesianum, ex cujus fide pleraque integritati suæ restituit Lambinus, quæ erant antea valde depravata; et Decurtatum, quod ipse ante annos quindecim a gregario quodam milite cum aliis aliquot libris calamo exaratis comparavi, ex bibliothecæ cujusdam sacræ direptione, tanquam e periculosissimo naufragio, servatum. Id autem plurimis in locis emendatius scriptum reperi, quam Tornæsianum, quamquam erant in eo multa lacera, deerantque alicubi integræ paginæ, totique ultimi duo libri. Qua de causa codicem eum Scidas, aut Decurtatum appellare soleo. Tertium mihi præbuit ornatissimus doctissimusque vir Enricus Memmius, secretioris consilii regis consiliarius, qui eum a clarissimo viro J. Huralto Boetalerio utendum acceperat, ut ejus mihi copiam faceret : quo libro usum etiam Lambinum video. Sed his, ut non tam vetus erat, quam superiores illi duo, ita scripturæ integritate multum illis cedebat. Adjutus sum præterea codice quodam excuso Lugduni, qui olim fuerat Petri Crusellii (1), medici apud nostrates celeberrimi ; ad cujus libri oras doctus ille vir varias lectiones appinxerat, a se, ut ipse dicebat, diligentissime, et summa fide e vetustissimo et castigatissimo libro Novioduni descriptas. Horum igitur librorum fretus auxilio, infinitas propemodum maculas ex his Epistolis abstersi, et quantum in me fuit, lumen obscuris multis locis attuli. Sed de toto hoc studio, opera, industriaque nostra judicium penes lectorem esto.

De ordine Epistolarum, quæ his libris continentur, hoc

---

(1) *Pierre Crouzeil.* V. sa Biographie dans les *Hommes illustres du Limousin* par Du Boys et Arbellot, d'après Vitrac. L'abbé Vitrac rappelle que *Muret* adresse à Crouzeil la septième élégie de ses *Juvenilia.*

semel dictum volo : quicumque eas primum digessit, ut hodie leguntur, eum non servasse temporum rationem, qua scriptæ fuerunt. Verum quia non alio ordine exstant in libris antiquis, quam in vulgatis, hunc errorem potius ferendum duxi, quam ex opinione quidquam mutandum.

L'édition des lettres de Cicéron à Atticus par Siméon Du Bois a été l'objet de jugements très divers, attaques passionnées d'un côté, nous allons le voir, appréciations favorables, très favorables même de l'autre, que nous avons vues dans la Notice ou que nous allons exposer.

« *A tout seigneur, tout honneur* ». Dans une lettre à Claude Dupuy datée « de Jussi, le 7 juillet 1580 (n° XXXII, p. 108 de l'édition de M. Tamizey de Larroque), Scaliger fait une petite sortie contre l'ouvrage de son ami limousin. Après avoir dit, au sujet des *Spicilegia Palmerii* qu'il venait de recevoir, « je n'ai trouvé ni rime, ni raison », et au sujet de l'auteur : « il pense que tout ce qu'il a leu es vieux grammairiens, pour si peu qu'il ressemble au texte qu'il entreprend corriger, que c'est cella mesmes », Scaliger ajoute : « De mesmes en faict Monsieur Du Bois « en beaucoup de passages grecs qu'il a, si lui semble, « restitués es Epistres ad Atticum. Combien qu'il est un « homme très docte, et exercé ès bonnes lettres, si lui « manque il tant de jugement que quand on aura espluché « ces *auxias notas*, on y trouvera beaucoup à redire. Mais « de ceci nous en parlerons peut estre quelque jour en- « semble. Seullement je vous prie que ceci demeure entre « nous deux, car au contraire je ne dois parler de lui « qu'avec respect, tant pour sa doctrine que pour sa pro- « bité, et aussi pour le rang qu'il tient (1). »

Maintenant, pour ceux qui aiment le *grotesque* mêlé aux choses les plus graves, nous allons montrer à quel degré

(1) Ici M. Tamizey de Larroque dit, à bien juste titre, dans une note : « Pourquoi Scaliger n'a-t-il pas toujours apporté autant de mesure et de convenance dans ses observations sur les travaux des érudits de son temps ? »

d'exagération peut aller, dans certains cas, par jalousie peut-être, le style d'un savant (1). *Fulvio Orsini* écrivant à l'illustre florentin *Vettori*, qui lui avait envoyé le volume du philologue limousin, lui dit (2) :

« Hò cominciato a leggere il libro del Bosio che V. S.
« m'ha mandato et le giuro che io non hò letto mai le
« piu scommunicate cose. Costui passa tutti li termini et
« modo di emendare et corrompe li luoghi con tanto ar-
« dire che, se le cose per se stesse non lo condennassero,
« meritaria punitione. N'ho fatto leggere parte alli amici
« di quà, li quali hanno fatto un mezzo carnevale sopra
« quei ceci et lupini, et quel γοργεῖα γυμνά. Io faccio legare
« il libro, et poi voglio scorrerlo tutto. » Lettre de Rome du 17 septembre 1580. British Museum, *Add. mss.* 10270 fol. 63.

On sait que Fulvio Orsini publia des Notes sur les œuvres complètes de *Cicéron :* Fulvii Ursini in omnia opera Ciceronis, *Antuerpiæ,* ex officina Christophori Plantini, architypographi Regii, MDLXXXI, in-8°.

M. Reinold Dezeimeris, nous l'avons vu plus haut, note 0 de la page 0, a dit « que les *Notes* de Du Bois « sur les *Lettres de Cicéron à Atticus* étaient restées *un « des principaux instruments de la critique pour cet « illustre recueil* ».

Un des plus savants critiques de notre temps, M. Charles Thurot, dans un article très érudit de la *Revue critique,*

(1) Il est vrai qu'il s'agit d'une correspondance privée.

(2) Nous devons cette lettre à M. de Nolhac, qui a publié la *Bibliothèque de Fulvio Orsini,* (École des Hautes-Études, 1887, Paris, Vieweg, 74° fascicule). Dans ce savant ouvrage d'une érudition vraiment étonnante, nous n'avons relevé qu'une mention de *Siméon Du Bois,* p. 89 (*a*).

(*a*) Du Puy écrivant à Pinelli, dit : «M. de Cheverni a fait démonstration de trouver bien l'exemplaire des *Panégyriques* du s^r Fulvio Orsino lui aiant esté montré par M. Du Bois (Simeo Bosius), auquel je l'avois presté. » Lettre du 21 janvier 1580. *Ambros.* T. f° 214.

numéro du 4 juillet 1874, rendant compte de l'ouvrage intitulé : « Emendationes alteræ sive annotationes criticæ « ad Ciceronis epistolarum editionem, scripsit D. Albertus « Sadolinus *Wesenberg*, præceptor primarius scholæ « cathedralis Viburgensis, Lipsiæ, Teubner, 1873. In-8 « vi-148 p. », a passé en revue les diverses éditions critiques des lettres de Cicéron. Abordant celle qu'a donnée Siméon Du Bois, et rappelant « que M. Wesenberg était d'accord avec Boiter et tous les autres critiques contemporains pour refuser tout crédit au témoignage de Bosius », M. Thurot ajoute : « Je vais m'arrêter sur cette question de la véracité de Bosius, qui ne me paraît nullement tranchée et qui n'est pas sans importance pour la constitution des lettres de Cicéron à Atticus. » Rappelant ensuite le passage de la préface (voy. cette préface plus haut) où l'éditeur explique d'après quels manuscrits il a fait son commentaire, M. Thurot expose que les leçons tirées par Du Bois du *Decurtatus* et du *Crusellinus*, et connues seulement par son édition, avaient paru jusqu'en 1855 très précieuses, mais que, à cette époque, M. Mommsen ayant examiné de près le manuscrit des *Animadversiones* 8538 A de la Bibliothèque Nationale, communiqua ses notes à M. *Haupt*, professeur à l'Université de Berlin, lequel traita, dans son cours de 1855, Du Bois d'*impudent*, de *faussaire*, prétendant que le *Decurtatus* et le *Crusellinus* n'avaient jamais existé et avaient été imaginés par l'érudit limousin.

Examinant ensuite la question de près, M. Thurot dit : « Il est bien invraisemblable que Bosius ait imprimé en tête de son édition qu'il avait entre les mains un manuscrit et un exemplaire annoté, qu'il eût été dans l'impossibilité de montrer à ceux qui auraient demandé à les voir. Enfin quel intérêt avait-il à imaginer que deux livres manquaient à son *Decurtatus*, que le manuscrit de Noyon ne lui était connu que par la collation qu'un médecin fort célèbre dans son pays avait consignée en marge d'un exemplaire de Lyon ? Les amis de Pierre Crouzeil ne pouvaient-ils pas lui donner un démenti s'il avait inventé toutes ces circonstances ? Pourquoi n'aurait-il pas dit qu'il avait eu le manuscrit lui-même à sa disposition, si ce manuscrit était imaginaire ? C'était plus authentique et moins compromettant. En y réfléchissant bien, on trouve que la supposition de Haupt est des plus invraisemblables. Les variations de Du Boys doivent nous mettre en défiance contre son exactitude ; elles n'autorisent pas à contester sa sincérité. »

M. Léonce Couture, en note du document rapporté plus haut, s'exprime ainsi : « L'accusation de Haupt, appuyée sur des observations spécieuses, a eu du succès, mais elle me paraît définitivement repoussée par un critique français que nous pouvons opposer à n'importe quel critique allemand, M. Charles Thurot. »

Pour conclure, disons que le témoignage et le jugement favorables et si pleins d'autorité de trois critiques tels que MM. Thurot, Dezeimeris et Léonce Couture, joints à ceux qu'a relevés Auguste Du Boys, vengent suffisamment Siméon Du Bois et sa mémoire des attaques passionnées dont il a été l'objet pendant sa vie et après sa mort.

Disons un mot maintenant des lettres que nous publions ; aucune n'est malheureusement datée, mais, comme nous le verrons, la lettre à Maledent est antérieure à l'année 1578 ou tout au plus du commencement de cette année. D'un autre côté, la belle lettre française à Du Puy, tout entière de la main de Du Bois et signée, a été écrite pendant l'année 1580, deux faits le prouvent : en premier lieu la *peste* dont parle notre érudit, et qui sévit à Paris avec tant de force pendant cette année 1580 (1) ; ensuite Du Bois

---

(1) Voici ce que dit, au sujet de ce terrible fléau pendant l'année 1580, un article du *Magasin pittoresque*, sur *les Pestes à Paris au xvie siècle*. « En 1580, trente mille personnes environ moururent de la peste. L'Hôtel-Dieu étant insuffisant pour recevoir les pestiférés, on dressa des loges et des tentes dans les faubourgs Montmartre et Saint-Marceau, vers Montfaucon et Vaugi-

nous dit « qu'il espère mettre en lumière *dans peu de jours* les Epitres de Cicéron à Atticus.» qui parurent, comme on a vu, chez Barbou, en 1580. Quant à la lettre à Scaliger, elle a été évidemment écrite en pleine élaboration du travail de recension de notre savant limousin, c'est-à-dire très probablement avant la lettre française ; et, comme elle n'est pas datée, elle peut avoir été écrite pendant l'année 1579. De toutes ces considérations ressort l'ordre que nous avons adopté malgré notre vif désir de donner à la lettre *française* la place d'honneur.

La longue et belle lettre latine à Maledent, tout entière autographe, mais non signée, est une dissertation savante de droit romain sur les mots « *matrona* » et « *materfamilias* ». Elle commence par un préambule plein d'élévation, qui porte la forte empreinte de ce style grave qui caractérise même dans leur correspondance privée ces savants magistrats du xvi⁰ siècle.

Dans la lettre latine adressée à Scaliger, Du Bois demande au grand critique, « hujus ætatis principi », comme il l'appelle, un éclaircissement au sujet d'un passage des Epitres de Cicéron à Atticus.

Dans la lettre française Du Bois annonce à son savant correspondant qu'il s'occupe de recension des Lettres *ad Brutum* et *ad Quint. Fratrem*, et lui expose ses doutes sur divers passages de celles-ci. On sait que sa mort prématurée, l'année suivante, 1581, empêcha Du Bois de les mettre au jour.

Laissons maintenant la parole à l'érudit limousin.

Emile Du Boys.

---

rard, et dans la plaine de Grenelle. La plupart des habitants, effrayés, prirent la fuite. Les voleurs se mirent à piller les maisons désertes. Citons le bel exemple du président Christophe de Thou, qui ne voulut pas abandonner son poste, et se promena tous les jours en carrosse dans les rues, haranguant le peuple et cherchant à rétablir l'ordre. » Année 1877, p. 147.

On sait que l'année d'après, 1581, parut l'ouvrage de l'érudit Nicolas de Nancel : *Discours très-ample de la peste en III livres*, Paris 1581, in-8.

MALUDANO (1) S. BOISIUS

Nihil profectò mirum si multos hoc tempore flagitiose vitam agentes videmus, mi Maludane, qui tum demum aliis auctoritate prepollere facile se posse credunt, si suo, hoc est, novo ; non maiorum et antiquorum vixerint, instituto. Nempe ii antiquos mores sectari indignum

(1) *Jean Maledent* ou *Maludan*, docteur en droit, avocat du Roi au présidial de Limoges, mourut le 29 janvier 1578, d'après L'ABBÉ NADAUD, XVIIIe siècle, (*Notes manuscrites sur les auteurs limousins* que nous possédons à la suite d'Auguste Du Boys). Nadaud rappelle (3e cahier, p. 139) que La Croix du Maine a placé Maledent parmi les savants limousins (Biblioth. franç., p. 305), et nous apprend que M. *de Lépine* [premier subdélégué de l'intendance de Limoges du vivant de Nadaud, antiquaire et numismate] avait dans sa bibliothèque un *Anacréon* grec et latin sur le frontispice duquel était écrit : *Joanni Maludano Henr. Stephanus dono dedit.* Nadaud rappelle ensuite, même cahier, p. 171, que Rollin dans son Traité des Etudes rapporte un extrait que M. le président *de Mesmes* lui communiqua, où Henri de Mesmes, l'un de ses plus illustres ancêtres rend compte de ses études dans un écrit [*Mémoires* publiés récemment, comme nous le verrons plus loin, note 3 de la page 39] qu'il composa pour donner à sa postérité une idée de son éducation. « Mon père, dit-il, me donna pour précepteur *Jean Maludan*, limousin, disciple de Daurat, homme scavant, choisi pour sa vie innocente, et d'age convenable à conduire ma jeunesse, jusques à tant que je me sceusse gouverner moi même, comme il fit. Car il avança tellement ses études, par veilles et travaux incroïables, qu'il alla toujours aussi avant devant moi, comme il étoit requis pour m'enseigner, et ne sortir de sa charge, sinon lorsque j'entrai en office, avec lui et mon puisné Jean-Jacques de Mesmes, je fus mis au collège de Bourgogne dez l'an 1542 en la troisième classe : puis je fis un an peu moins de la première. Je trouvai que ces dix-huit mois de collège me firent assez bien. J'appris a répéter, discuter, haranguer en public..... Mon précepteer me menoit quelquefois chez Lazarus Baifius, Tusanus, Strazellius, Castellanus et Danesius. L'an 1545 je fus envoyé à Toulouse pour étudier en lois avec mon précepteur et mon frère..... Nous étions debout à quatre heures, et ayant prié Dieu, allions aux estudes à cinq heures, nos gros livres sous le bras, nos écritoires et nos chandeliers à la main. Nous oyons toutes les lectures jusqu'à dix heures sonnées sans interruption : puis venions disner..... Apres disner nous lisions par forme de jeu Sophocles ou Aristophanes, ou Euripides, et quelquefois Demosthenes, Cicéro, Virgilius, Horatius..... »

Nadaud rapporte ensuite ce qui suit, d'après *de Lurbe* (*de illustr. Aquit. viris*, p. 132) : « *Maludanus* de Limoges, après avoir emploié toutes les heures de son enfance a lire et a connoître les auteurs grecs et latins, se fit une grande réputation chez les savans. Il poussoit jusqu'au scrupule la pureté de la langue

putant : quos ego quo diligentius contemptor, eo prudentiores illius etatis homines fuisse iudico. Nam quamvis gravia, ut in rerum multarum primum faciendo periculo peccari plerumque solet, invicem delicta commiserint. Posteris tamen legibus et moribus cautum voluerunt ; ut ii vitam ad eorum que probè et cum virtute gesserant exemplar ; non que incautè, ant malitiose admiserant, effingerent. Hoc beneficio se maximam ab illis gratiam inituros confidentes. Sed eos præclaram illam spem longe fefelisse vel oculis capti talpe videant (1).

Maiorem enim eorum scriptorum partem, que hominum memorie commendaverant, iniuria temporis absumpsit ; quéque ex illis supersunt, quibus in meliorem statum vita potest informari, ea ab plerisque hodie negliguntur : Ego verò non illa solùm que ad bene, beatéque vivendum conducunt à maioribus tradita libenter sum semper amplexatus : verum etiam in iis que in moribus posita illi servabant inquirendis, diligenterque perscrutandis bonam operam nauaui, si aliqua ad nos eorum notitia pervenisset. Cuius mei instituti cum multos alios probos et doctos viros, tum te potissimum auctorem, atque adeo fautorem habeo ; qui et moribus et doctrina probatus es, quoque duce me nunquam aberraturum esse scio. Itaque tuam sententiam ut rogarem quoties antique cuiusdam consuetudinis occurit inter legendum non satis explicata mentio, teque ut certissimum oraculum consulerem incitarunt me docti illi et familiares tui quos mecum sepissime conferre consuevisti sermones, illeque elegantes ad Lambinum epistole, quas pre

grecque et il allia toutes ses connoissances à celle de la jurisprudence. Aprez avoir enseigné le droit civil à Toulouse, et à Cahors, il demeura quelques années à Paris pour apprendre plus facilement le stile du bareau et entendre plaider les plus fameux avocats; il plaida lui même fort éloquemment, quoiqu'il manquat de voix et de poitrine. De retour dans sa patrie et déja âgé, sa probité et sa grande érudition lui procurèrent la charge d'avocat du Roi au présidial de Limoges.

(1) Le Lexicon de Forcellini dit: « *Capti oculis talpæ*, a dit Virgile, *quum ii cœci nascantur*. »

ceteris que in eodem codice contexte sunt quanti faciam,
malo vulgari dicto tibi, quam mea oratione testari,

μάταια τ'ἄλλα παρὰ Κρότωνα τ'ἄστεα.

Tuam vero opinionem mihi valli instar, si qua in re
mecum senseris, ad aliorum propellendas ἀντιλογιας futurum esse confido.

νικῶσι γὰρ κ'ἄν τοις λογοις εκαστοτε
ἐφ' οις ἄν αὐτή ἐπικαθέζηται μόνη (1).

Quare unam que obiecit sese mihi hisce diebus imparato
questionem tibi nunc detegere non verebor quippe cum
nec egrotum medico morbum fateri pudeat. Ea vero magis
ardua eo mihi esse videtur, quod in re difficili et morosa
versatur qualem tu περι τε γυναῖκα κί γάμον οὖσαν arbitrere.
Ait enim Ulpianus lib. LIX ad edictum, matrem familias
eam intelligi que non inhonestè vixit : illamque a cæteris
fœminis mores discernere, atque separare : neque interesse
nupta ne sit, an vidua. Nam neque nuptias neque natales
facere matrem fam. Ubi matronam cum matrefam. videtur
confundere. At vero audi quid dicat Festus aut Flaccus
quem ante Ulpianum vixisse certum est, suoque commentario antiquorum Jurisconsultorum in XII tab. interpretationem infarcisse fragmenta que hodie extant satis ostendunt. Materfam. inquit non ante dicebatur (dicuntur
scripserat Festus : sed Paulus Pontifex Romanus qui
totum hunc auctorem decurtavit, ne cum Ethnicis sentire
videretur, semper presens verbum in preteritum commutavit), quam vir eius paterfam. dictus esset ; nec possunt
hoc nomine plures in una familia preter unam appellari.

(1) Bosius, nous dit M. de Nolhac, joue ici, en les modifiant, sur les vers
d'Aristophane, Plutus, 184-185 :

Κρατοῦσι γοῦν κἀν τοῖς πολέμοις ἑκάστοτε
ἐφ οἷς ἂν οὗτος ἐπικαθέζηται μόνον. »

Sed nec vidua hoc nomine; nec que sine filiis est appellari potest. Qui queso ista convenire possunt, viduam posse ex unius sententia; ex alterius, non posse matremfam. vocari? Quod vero grammaticus iste liberis orbam mulierem matremfam. dici non posse contendit; certe habeo quo ipsum ex Gellio oppugnare possim. Sed ita ut matrone nomen rursum cum matrisfam. appellatione misceatur.

Sic enim ait ille : lib. XVIII, cap. VI, Matronam dictam esse propé que in matrimonium cum viro convenisset, quoad in eius matrimonio maneret, etiam si sibi liberi nondum nati forent ; dictamque esse a matris nomine non adepto iam ; sed cum spe et omine mox adipiscendo. Unde ipsum quoque matrimonium dicitur. Ergo ut rei future potius, quam preterite aut presentis in matrone nomine rationem habuerint antiqui ; ita non dissimile in matrefam. accidisse suspicari possumus ; qua appellatione solam eam salutari consuevisse scribit idem Gellius, que esset in mariti manu mancipioque ; aut in eius in cuius maritus manu mancipioque esset : quoniam non in matrimonium tantum : sed in familiam quoque mariti et in sui heredis locum venisset. Quod etiam Ciceronis auctoritate confirmari potest, cum ita in Topicis scribit. Genus est uxor. Eius due forme, una matrumfamilias ; ee sunt que in manum convenerunt ; altera earum que tantummodo uxores habentur. Quas Gellius matronas eas Cicero uxores vocavit ; nisi quod uxoris nomen, ut vult Boetius ; non tamen mihi usque quaque compertum est, latius patere voluit. Nam eo illas etiam que farre in matrimonium conveniebant complexus est, queque usu. Gellius que usu solum matrone nomine comprehendit. Quanvis et ceteras etiam preter matresfam. si quis ipsum, Boetii sententiam sequutus, intelligere voluisse contendat, non valde repugnarim. Usu autem fiebant uxores si annum integrum apud virum cum quo consuescebat nullis legibus, tutorum tamen auctoritate mansissent. Quas triduo ante annum expletum usurpari potuisse tradit Gellius lib. III. Quintum enim

Mutium dicere solitum ait lege non esse usurpatam mulierem, que cum calend. Januariis apud virum caussa matrimonii esse cœpisset, ante diem Calend. Janu. sequentes usurpatum isset.

Non enim posse impleri trinoctium, quod abesse a viro usurpandi caussa CX XII Tab. deberet; quoniam tertie noctis posteriores sex hore alterius anni essent qui inciperet ex Cal. Equidem de illo usurpandi more nihil apud alios auctores me legisse memini. Quero igitur ab eodem ne ipso apud quem usu esse cœperat usurpari solita esset, hoc est illius, usucapio, sive usus interrumpi; siquidem id ita venit interpretandum CX.L.N.D. de Usucapionibus; an ab alio? Quam verò potissimum ob caussam usurpatio illi fieret. Uxoris ne et mariti conditionem ut potiorem redderet? Nam quandiu viro mulier usu iuncta erat, nec sui iuris dici, nec in manu, mancipioque mariti poterat; cum semper in tutorum potestate maneret. Adeo ut si intestata moreretur, agnatus proximus ei succederet. Contra vero si in viri manum convenisset quod in usurpatione fieri auguror, maritus per coemptionem illi in patris locum, illa in filie marito veniret; ut qui prior defunctus fuisset locum hereditati iustum alteri faceret. Et hec sunt que in re satis ni fallor implicata coniicere possum. Atque ea de caussa dixisse videtur Virgilius,

Tibi seruiat ultima Thule.

Nam quecumque dotis nomine illa secum afferebat, que in manum conveniebat, ea protinus omnia marito serviebant. Poeta vero egregius (1)

---

(1) Homère. — Nous lisons, en effet, dans la lettre 16 du livre I des *Lettres à Atticus:* quæris ex me quid acciderit de judicio, quod tam præter opinionem omnium factum sit et simul vis scire, quo modo ego minus, quam soleam, præliatus sim; respondebo tibi ὕστερον πρότερον, ομηρικῶς.

Du Bois dit dans l'*explication des mots grecs* qui suit la vie d'Atticus, (pour la page 22 de l'édition Barbou): ὕστερον προτερον, ομηρικῶς: ordine præpos-

ὕστερον πρότερον posuit nam priùs de coemptione memi-
nisse debuerat, quàm de dote. Idcirco postea subiungit,

Teque tibi generum Thetys emat omnibus undis.

Quo in loco generum (ut tibi me aliquando dixisse
recordor), pro marito accipit vetustissimus, qui apud me
est, idemque doctissimus Virgilii interpres.

Quod auctoritate Sapphûs comprobat cuius versus
extant apud Hephestionem huiusmodi, ex Epithalamo.

ὕψοῖ δή το μελαθρον
ἀείρατε τέκτονες ἄνδρες.
γαμβρός ἔρχεται ἴσος Ἀρεῖ.

Et :

ὄλβιε γαμβρέ σοι μεν δη γαμος ως ἄραο
ἐκτετελες'. ἔχεις δέ παρθενον ἄν ἄραο.

Et rursus ; suppresso tamen nomine.

χαιροισα νυμφα. χαιρέτω δ'ο γαμβρός.

Quod ego non possum non probare. Siquidem antiquorum nemo, quod sciam, ne unum quidem verbum fecit de
socru, que sibi generum emerit ; de uxore, que maritum ;
multi. Sed hec plura, quam debueram, tibi præsertim
rebus magis seriis occupato, quique nugas istas difficiles
odisti. Expecto tamen tuum hac tota de re judicium. Vale.

tero, cum primo loco quod posterius est secundo quod prius effertur; Home-
rice. »

II

SIMEO BOSIUS JOSEPHO SCALIGERO S.

Decreveram ad te proficisci, jamque mihi equos insterni iusseram, ut te inuiserem, cùm subito mihi undique allati sunt nuntii, ita obsideri vias a grassatoribus, ut sine periculo vix quisquam, nisi magno stipatus latronum comitatu, ita milites ἀρχαικῶς vocare soleo, itineri se committeret. Itaque cum partim incredibili tui videndi desiderio raperer, partim itinerum periculo reuocarer, tandem sic de tua erga me et alios familiares tuos, iam satis ab ineunte usque ætate perspecta, voluntate iudicaui malle te amicorum consuetudine perpetuo carere quam si tua causa aduersi quicquam eis accideret. Quocirca institutam illam profectionem meam in aliud tempus commodius forsitan, certe tutius distuli. Interim has ad te litteras exaraui, quibus cœptam quidem a teneris annis sed longo tempore desitam, amicitiam renouarem, tibique ob præclara ingenii tui, quæ quotidie in lucem edis, monumenta tanquam litteratorum hujus ætatis principi gratularer, abs te que non veluti a λοξία, sed ut ab aperta peterem variorum locorum ex epistolis ad Atticum, que diu me torserunt, explicationem, imprimisque horum verborum que exstant lib. XIII, epist. 39 : LIBROS MIHI DE QVIBVS ANTEA SCRIPSI VELIM MITTAS ET MAXIME ΦΑΙΔΡΟΥ ΠΕΡΙ ΘΕΩΝ ET ΠΑΛΙΛΟΣ. Sic est in editione Victoriana. Antiquissimus vero meus codex ita edit postrema verba, et maxime φαιδρου περισσων et ελλαδος, recte meo quidem iudicio. Videtur enim significare Cicero librum Dicœarchi, quo genus illud scribendi, quo usus erat in Phœdro Plato, ut redundans et odiosum reprehendebatur. Quod judicat Væstius quum scribit Dicœarchum dialogum illum, ut φορτικὸν notasse. Itaque apud Ciceronem τα περισσα idem erunt atque τα φωτικά nisi tu aliter sentis. Nam quamvis eo significatu, ni fallor, alicubi scriptum legerim τὸ περισσον, nunc tamen locus non occurrit. Itaque aliquo exemplo ex veteri quodam auctore deprompto velim meam hanc opinionem innes. Gratissimum certe mihi feceris totamque illam emendationem meritissimo tibi acceptam feram. De postrema voce ελλαδο, nihil est quod dubitemus. Scripserat enim Dicœarchus librum περι ἐλλάδος ut refert Suidas. Hunc nodum, mi Scaliger, tuo Bosio solue. Plura scribam, cùm plus erit otii. Bene vale. Pictavii III KAL. Sept.

Tuas litteras Bossellus

mihi reddendas curabit.

A Monsieur

Monsieur DE L'ESCALE,

A Touffou (1).

III

A Monsieur

Monsieur DU PUY,

conseiller du Roy en sa cour

de Parlemant viz à viz de Saint

André des Ars.

A Paris.

Monsieur, ie n'ay heu le moyen de vous escripre depuis mon partemant de Paris iusques a presant, a cause des

(1) M. Tamizey de Larroque (*Lettres françaises de Scaliger*, p. 62, note 1) fait remarquer que Scaliger habita longtemps la terre de Touffou près Poitiers, appartenant aux Chasteignier de La Rochepozay, les protecteurs du grand

troubles qui survindrent incontinant après, et fermarent les passagés : et aussi à cause du danger de peste qui deterroit les habitantz de ce païs de frequenter à Paris. Maintenant graces à Dieu, nous commençons a sentir ung peu de repos, comme aussi la contagion du mal a cessé parmi vous, d'ou i'auré deshormais meilleur commodite de vous escripre, que ie n'ay heu iusques icy. J'ai delibere dans peu de iours d'envoyer ung homme de par dela pour poursuivre la vuidange du proces que i'ay en la cour. En quoy, Monsieur, je vous prieré vouloir continuer la faveur que i'ay receu de vous en ce mien dernier voyage, afin qu'en contemplation de vous il plaise à Monsieur le premier presidant (1) me bailler une audience ; mais quand à ceste requeste ie vous en solliciteré plus importunéemant par l'homme a qui ie bailleré charge de mes affaires. Maintenant ie ne pense qu'a mettre en lumière les *epistres ad Q. Fratrem* et *ad Brutum,* lesquelles i'ay conferées avec des diverses leçons tirées d'ung fort bon exemplaire. Et pour ung eschantillon de mes ravauderies ie mettré icy deux passages rapetassés a ma façon, l'ung desquels est en la *premiere epistre du troisiesme livre ad Q. Fratrem,* ou l'exemplaire conferé, que i'ay veu a ainsin, nunc hoc vel honestate testudinis vel vale die boni æstivum locum obtinebit. Ceste escripture ores qu'elle soit fort corrompue, retient toutesfois encore, quelque peu de la trace de celle qui estoit la naifve de Ciceron, que ie pense avoir este couchée de telle sorte, *nunc hoc vel horna æstate testudinis valvatæ* διεκπνοῇ *œstivûm locum obtinebit* (2). Il dit qu'à l'endroit ou Quinctus vouloit faire une

critique, et qu'une lettre du recueil latin de 1627 est ainsi datée (p. 69): « Pridie Kalend Augusti MDLXXIX Tuffolio Rupipozœorum ad flumen Viennam in agro Pictaviensi. »

(1) Christophe de Thou, dont nous avons rappelé plus haut la belle conduite pendant la peste de 1580, était premier président du parlement de Paris depuis 1562; il avait succédé à *Gilles Le Maistre.* Il fut le père du célèbre historien.

(2) L'édition Lemaire porte: Nunc hoc vel honestate testudinis, vel valde boni æstivum locum obtinebit, » et la note suivante: Nunc hoc, — P. Manu-

petite sale commune de l'avant logis, qu'il appelle atriolum, ce lieu la pouvoit servir de sale à prendre le frais le mesme esté de l'an auquel il escripuoit sa lettre, à cause de la voutte de ceste sale, qui estoit percée de plusieurs fenestres et portes a deux battantz, au travers desquelles le vent passoit aiséemant. L'autre passage est en l'epistre neufviesme du mesme liure, ou parlant de la sumptuosité des ieus de Milon il escript ainsin

$$\text{ὁ δὲ μαίνεται οὐκ ἔτ' ἀνεκτῶς}$$

qui ludos HS CCC L comparet, cuius in hoc uno considerantiam et ego sustinebo, ut potero, et tu ut possis, est tuorum nervorum (1). Ce mot considerantiam ne fait la rien a propos, et m'asseure qu'il ne fust iamais forgé sur l'enclume de Ciceron ; ce que ie coniecture par l'escripture de l'exemplaire conferé, qui est telle considerantiam. J'oserai gager que Cicéron auoit escript ὀγκωσιθεαξίαν c'est-à-dire *fastuosam spectaculorum editionem* (2). Mais ie parle latin devant les clers. Par quoi ie n'en toucheré aultre chose plus avant, me remetant du tout a vostre docte iugemant, qui me servira de touche pour esprouuer ces

tius ingeniose divinibat : « Nunc hoc vel in æstate testudinis vel hieme æstivum locum obtinebit. » Lambinus haud paullo audacius : « Nunc hoc vel hieme testudinis, vel æstate, valde boni æstivi locum obtinebit. » Locum esse corruptissimum nemo non agnoscit. Vide Tumal. advers. XXIV, 30. Sch. « Nunc hæc vel honestate testudinis, valde boni æstiyi locum obtinebit. » J. V. L.

(1) ὁ δὲ μαίνεται, dit l'édition Lemaire, Hic autem insanit sic, ut ferri amplius non possit. Odyssée, IX, 350 : οὐ δὲ μαίνεται, etc.

(2) Lemaire porte *inconsiderantiam* et dit, note 2, p. 646 : Olim *considerantiam*. Ego h. l. corruptum puto : verbum enim hoc barbarum est ; quod si latinum sit et elegans, sententiæ tamen admodum repugnat et contrarium est ; erat enim temeritas et insania potius quædam rem suam familiarem effundere in ludorum apparitione. Ostendit autem verbis Homeri nunc illum tantopere insanire ut non amplius sustineri possit. Ut quod de illo Plinius lib. XXXVI, cap. 15, tradit cum hoc loco conveniat : « Itaque et ipsum Milonem H-S. septuaginta millia aeris alieni debuisse inter prodigia humani animi judico. » Vict. malit suam *inconsiderantiam*, vocabulo inusitato sed tamen ob inconsiderans usitato. Probant Lamb. et Ernst. ED.

miennes coniectures. Monsieur *de Cheverni*(1) a ung exemplaire de ces epistres escript a la main, qui fust de feu Monsieur de Boitallé (2). Il me souvient de l'avoir veu il peut avoir quinze ans, par le moyen de Monsieur de Roissi (3) lorsque feu Monsieur de Boitaillé estoit encores vivant. Je vouldrois bien vous supplier de veoir si vous le pourriés retirer, tant par vostre moyen, qui est grand, que par celui du filz de Monsieur le premier president, et l'ayant heu m'en faire advertir. Car s'il estoit ainsin, ie vous prieroi commander a quelqu'ung de voz amis de conférer certains passages, que ie lui cotteroi, pour veoir s'ilz sont mieux en ce liure qu'aux imprimés.

Combien que ie ne pense pas qu'on y treuve chose de grand importance. Car cest exemplaire est de *mesme main* que celui des Epistres ad Atticum, et de fait ils sont tous deus en mesme volume, et en ce que i'en ay conferé ie ny ai trouvé de diversité fort considérable, mesmes que tout le græc en est a dire.

Quand aux epistres ad Atticum, ie les ay reueues, et y

(1) *Philippe Hurault de Chiverny*, 1528-1599, fut successivement conseiller au parlement de Paris, maître des requêtes, garde des sceaux. C'est à lui que Du Bois dédia son édition des *Lettres à Atticus*.

Voy., au sujet des manuscrits de la famille *Hurault*, les très intéressants détails qu'a donnés, avec sa science consommée, M. Léopold Delisle dans le *Cabinet des Manuscrits de la Bibliothèque nationale*, t. I, p. 213-214.

(2) *Jean Hurault de Boistaillé*, mort en 1572, ambassadeur de France à Constantinople et à Venise (v. Delisle, op. cit., p. 213, t. I).

(3) *Henri de Mesmes*, chevalier, seigneur de Roissi, mort en 1596, dont il est question plus haut. Ce savant magistrat fut tour à tour conseiller au parlement, maître des requêtes, chancelier du Roi de Navarre et de la reine Louise, veuve de Henri III. C'est à lui que revient, en grande partie, l'honneur de la fondation de la célèbre bibliothèque des de Mesmes, à laquelle M. Delisle a consacré une étude complète dans son grand ouvrage déjà cité, t. I, p. 397-407.

Henri de Mesmes a laissé des *Mémoires* dont nous avons donné un extrait et qui ont été tout récemment publiés par M. Edouard Frémy, Paris, Ledoux, 1386, tiré à petit nombre. Voyez sur cette publication la *Revue Critique*, n° du 17 mai 1886, p. 391-394, article fort peu favorable de M. de Nolhac, et le *Bulletin du Bibliophile*, 1886, janv.-févr., p. 24, article non signé, beaucoup plus bienveillant.

ay adiousté plusieurs choses, et changé quelques unes. J'espere mettre le tout en lumiere dans peu de iours, cependant ie m'enquerré si Monsieur *Patisson* veult entreprendre l'impression, apres laquelle ie lui bailleré les liures *de legibus*, et douze liures *Vigiliarum* que i'ay tracés durant ces troubles : esquelz la cessation des plaids ordinaires pour ung tems m'a baillé ung peu de loisir de reuoir mes anciens maistres. Lesquelz toutesfois ne m'ont aprins d'estre si long a escripre lettres comme ie suis en ceste cy. Mais vous excuserés s'il vous plaist le desir que i'avoy de vous saluer, apres avoir demeuré long tems sans entendre de voz nouvelles, ne vous faire scauoir des miennes qui est cause que je n'ay peu exprimer ceste mienne affection en peu de motz. Parquoi pour ne vous ennuyer d'avantage ie clorré la presente par mes tres humbles recommandations à voz bonnes graces priant Dieu

Monsieur vous donner en santé longue vie.

De Limoges en vostre maison ce premier jour de Mars.

Vostre tres humble et obeissant serviteur.

SIMÉON DU BOIS.

Original en couleur

NF Z 43-120-8